宜昌博物馆
馆藏文物图录
Cultural Relics Collection of Yichang Museum

杂项卷

宜昌博物馆　编

文物出版社

图书在版编目（CIP）数据

宜昌博物馆馆藏文物图录. 杂项卷 / 宜昌博物馆编. ——

北京 : 文物出版社, 2019.7

ISBN 978-7-5010-6175-4

Ⅰ. ①宜… Ⅱ. ①宜… Ⅲ. ①文物—宜昌—图集

Ⅳ. ①K872.633.2

中国版本图书馆CIP数据核字(2019)第107516号

宜昌博物馆馆藏文物图录·杂项卷

Cultural Relics Collection of Yichang Museum

编　　者　宜昌博物馆

责任编辑　李　睿　马晓雪

责任印制　张　丽

装帧设计　李　兵　唐凛然

出版发行　文物出版社

地　　址　北京市东直门内北小街2号楼

邮　　编　100007

网　　址　www.wenwu.com

邮　　箱　web@wenwu.com

印　　刷　北京雅昌艺术印刷有限公司

经　　销　新华书店

开　　本　889mm×1194mm　1/16

印　　张　10.5

版　　次　2019年7月第1版

印　　次　2019年7月第1次印刷

书　　号　ISBN 978-7-5010-6175-4

定　　价　218.00元

前言

　　所谓"杂项"，是当代博物馆用于藏品分类的一个类目，凡是不属于旧日收藏如陶器、青铜器、瓷器、书画、玉器一类的器物，若干零星入藏不成规模、不成系统者，都可以归入杂项。至于杂项之中究竟包括哪一类器物，却没有明确一致的说法，多依博物馆具体的藏品情况而定。

　　就宜昌博物馆而言，因馆藏数量、规模有限，故将考古发掘出土不成规模的、多数传世品、旧藏、捐赠、征集、购买的文物统一归之为杂项。从质地说，有金银器、锡器、铁器、玉器、石器、竹木漆器、钱币、印章、骨角器等。以用途论，可分为随葬器物、日常用器、装饰品、文房清玩等。器物年代从旧石器时代到近现代，年代跨度大，内涵丰富。

　　笔者有幸全程参与宜昌博物馆第一次可移动文物普查和《宜昌博物馆馆藏文物图录·杂项卷》编写，因而有机会近距离接触馆藏文物，得以细审其详。本书遴选宜昌博物馆馆藏金属器、竹木漆器、宝玉石、石器及其他精品文物两百余件（套），时代上自新石器时代大溪文化，下迄明清，每一件文物都具有其独特的历史、艺术和科学价值，是人们了解、研究、认识当时社会生产力、生产关系、经济基础、上层建筑以及社会生活和自然环境的实物依据。

　　金属器是我馆杂项文物中数量较多的一项。就特色和重要性而言首推当阳赵巷M12、曹家岗M5所出金属饰片和当阳赵家湖墓群赵家塝M8出土兽耳弦纹锡簋。此外，元明清时期首饰、妆奁用具等金银杂件也各具特色。

　　当阳赵巷M12、曹家岗M5所出金属饰片时代为春秋晚期，数量多达六百余片，其材质多样，由金箔或锡箔包裹铜质或锡质胎体，形制有近四十种，既有圆泡形、璧形、帽形、背心形、双尾形等相对规整的几何造型，也有虎形、龙形、兽面形、蟹形、鸟形、象形等较为生动的动物造型。饰片边缘都有穿孔，用来穿绳系于其他器物之上。饰片表面箔片纹饰极其细微精致，最多见的是细小繁复、交相缠绕的龙纹，此外也有席纹、绚纹、三角纹等纹样。由于出土时的具体分布情况不明，这批饰片的功用目前尚无定论。主要有皮甲饰片、棺饰、车马饰件三种意见。这批文物时代较早，总量较大，类型丰富，造型生动，材质多样，纹饰精美，工艺精湛，为研究楚墓中此类文物提供了一套全面、系统、年代相对较早的代表性标本，为探讨先秦时期的丧葬制度、金属加工工艺、审美观念等提供了独特的材料，具有极高的历史、科学、艺术、文化价值。

　　兽耳弦纹锡簋出土于当阳赵家湖墓群赵家塝M8头向一端椁内，与铜鼎，铜盏，铜舟，铜簋，陶豆，陶罐伴出，时代属春秋时期。两件锡簋形制大小相同，器身子口内敛，圆鼓腹，平底，腹部附对称环形兽耳，圆弧形盖，圆形握手外翻，腹部与盖面皆饰凸弦纹。这两件锡簋虽然纹饰不精，但同时代的类似锡质礼器极为少见，因而具有独特的历史价值。

上述金属饰片和锡簋埋藏地下两千余年，不仅受土壤、地下水中所含酸、碱、盐类等各中化学物质的侵蚀，同时受墓穴塌陷挤压变形、盗掘等因素影响，且出土后存放与保护条件有限，出现了破损、变形、锈蚀、残缺等病害。后经国家博物馆文物科技保护中心和北京鉴衡文物修复中心精心修复，得以重现风采，并将作为楚人精湛的金属加工工艺、极致的艺术造诣与独特的丧葬习俗的生动载体，在宜昌博物馆新馆《楚望沮漳》展厅中与观众见面。

竹木漆器是春秋战国时期极具代表性的器物，而楚国漆器是先秦漆器中的翘楚。楚国处于长江汉水流域，生长着大片漆树，有丰富竹木资源。楚国漆器工艺的发展与楚国疆域的开拓、社会经济和文化的发展密切相关。楚人不仅受北方中原漆器装饰技术的影响，还与秦、巴、蜀等国广泛接触，使其髹漆工艺得到了长足的发展，同时也继承了当地早期漆器的优秀成果。此外，细致的分工和高度标准化的生产，也是楚国漆器在该时期独占鳌头的重要原因，楚国漆器有制胎、涂漆、描绘、打磨等不同分工，并注意与金工的结合，注意规格和形体的相近。

生漆，俗称"土漆"，又称"国漆"或"大漆"。生漆的应用已有六七千年的历史，春秋时期达到鼎盛，除髹于木礼器、乐器之外，还用于髹饰日用生活用具和装饰品。楚国的漆木器工艺精湛，纹饰构图巧妙，多饰蟠龙纹、凤纹、勾连云纹、三角几何纹等。当阳赵巷4号墓发掘出土的变形窃曲纹漆木豆、兽耳变形窃曲纹漆木簋、龙虎纹漆木俎、变形蟠虺纹漆木方壶、长柄卷云纹漆木瓒、"工"字纹漆木豆等器物，造型优美、纹饰精美，是先秦漆木器中难得的珍品。

汉代漆器，在先秦漆器的基础上继续发展。其纹样以流云纹、旋涡纹、变形蟠螭纹、菱格纹、飞禽走兽纹和辟邪为主，也有少量神仙、孝子及其他以人物为主的故事图。色彩多为红黑二色相间，少数使用朱、青或朱、金彩绘。漆器种类包括鼎、壶、钫、樽、盂、卮、杯、盘等饮食器皿，奁、盒等化妆用具，几、案、屏风等家具。漆器在秦汉贵族豪门生活用具中占有重要地位。枝江肖家山M70出土的"吕氏七重"漆木格和漆木碗，通体髹漆，内红外黑。漆木格整体呈长方形，子母口，内部分为大小不等的13个方格，底部矮圈足作波浪形。外底有红漆隶书"吕氏七重"；漆木碗侈口，口下一周凹槽，弧腹，璧形底。外底有红漆隶书"马疁□□"。铭文漆木器的出土，为研究汉代历史提供了更丰富的资料。

玉器在中国源远流长，具有丰富的文化内涵与举足轻重的社会价值，玉文化是中国古代文化的重要组成部分。我馆所藏玉器时代主要为新石器时代、东周、两汉与明清时期，其中尤以东周和两汉的玉器数量最多、质量最高。如当阳赵家湖李家沱子 M13 出土的雕龙玉璧，其时代为春秋晚期，玉璧主体呈圆环形，两面皆饰卷云纹，璧体一侧附有一仰头、挺腹、卷尾的龙形雕饰，整器造型灵动，制作精美，晶莹剔透。又如宜昌前坪 M73 出土的西汉雕虎玉璏，整体呈长条形，正面饰圆点纹，一侧附镂雕虎形，虎首回顾，虎足蜷曲，长尾曳于另一边作分叉卷曲状，其形象生动，线条流畅，是玉剑饰中的佳作。

三峡地区丰富的水资源带来了富足的鱼类资源，这里一直是从事渔业活动的理想场所。在三峡地区发掘的大量新石器时代遗址中，几乎所有遗址都出土了或多或少的鱼骨、鱼牙、蚌、螺等水生产品，如在楠木园遗址的地层中收集到的鱼骨数量近万块，占遗址出土动物遗骸的 94.6%。此外，三峡地区还有较多的捕鱼工具出土。捕鱼工具多种多样，有鱼钩、鱼镖与各种类型的网坠，如新石器时代的秭归柳林溪、东门头、卜庄河遗址，夷陵区伍相庙、白庙、杨家湾等遗址，多出土石网坠，其体型或大或小，形制多呈球形、长条形或亚腰形。由此可见，三峡地区新石器时代的渔业已经非常发达，渔业经济是三峡地区原始先民生活中一个重要的生活来源，丰富的鱼类资源为生活在这里的早期人类提供了取之不尽的食物资源。

宜昌万福垴遗址出土的两套春秋时期石研磨器，皆由杵和臼组成。两件杵在两件臼内交替使用，臼内磨得特别光亮，臼窝内有一粗一细两道杵的磨痕，细痕深于粗痕。研磨无论是前后运动还是画圈运动均是水平运动，此两件臼、杵研磨面都均较光滑，但其臼窝直径、深都不足 15 厘米，推测此类研磨器可能主要用于研磨磁铁矿粉类或草药类。

我馆还藏有一批明清时期的压胜钱。厌胜钱非流通币，主要是用于避邪取吉、馈赠、玩赏、配饰、卜卦而铸造的仿制币。其表现内容从赞美吉祥到附庸风雅、从婚丧嫁娶到诞辰祝寿、从避邪除恶到因果报应、从佛教经文到道教符咒，几乎涵盖了人们生活的各个领域。秭归卜庄河 M13 出土了一枚星宿带钩纹五铢压胜钱，难得的是此钱有明确的出土地点及遗迹单位，为全国的钱币研究者所重视。其形制为圆形方穿，正面上方饰削刀图案，左右为"五铢"二字，"五"字交笔上下各有一星宿，下方饰星宿图案，背面上方饰一带钩形图案，下方及左、右两边皆饰星宿图案。此类星宿钱在全国出土极少，尤其面质如新，字迹、纹饰清晰的，更是凤毛麟角。

以上择其要者概略介绍了宜昌博物馆馆藏的杂项类藏品，希望广大读者通过本图录对这批杂项文物获得更深入的了解，进而对五彩斑斓的宜昌古代物质文化有更全面的认识，也敬乞各位方家对我们的整理、研究工作多加指正。

董清丽

目录

金属器

璧形龙纹包金箔铜饰片

一级文物

春秋晚期

外径 12.3 厘米，内径 5 厘米，厚 0.03 厘米

当阳赵巷 M12 出土

璧形，铜胎，正面包裹金箔，金箔边缘折向背面形成包边，饰片外缘均匀分布四对穿孔。金箔上錾刻细密繁复、交相缠绕的龙纹，龙身主线从正面錾刻，龙鳞线条从背面錾刻，使得纹饰凹凸有致，富有立体感。

泡形龙纹包金箔铜饰片

一级文物

春秋晚期

直径 10.6 厘米，厚 0.03 厘米

当阳赵巷 M12 出土

圆泡形，正面隆起，背面内凹且密布锻打形成的凹窝，边缘均匀分布二对穿孔。铜胎，正面包裹金箔，金箔边缘折向背面形成包边。金箔上錾刻细密繁复、交相缠绕的龙纹。

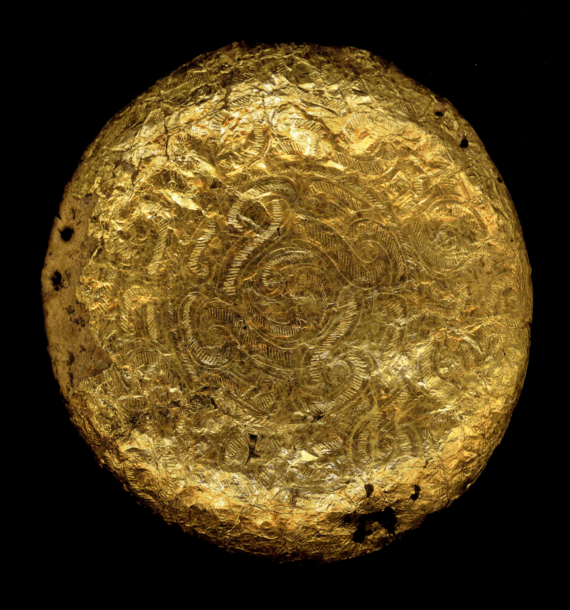

兽面形龙纹包金箔铜饰片

一级文物

春秋晚期

长 9.5 厘米，宽 6.8 厘米，厚 0.03 厘米

当阳赵巷 M12 出土

整器略呈兽面形，顶部与底部平直，顶部中间一长方形凹口，两侧各有三个对称的大小不等的齿口，中部上下各有一穿孔。铜胎，正面包裹金箔，金箔边缘折向背面形成包边。金箔上錾刻细密繁复、交相缠绕的龙纹。

宜昌博物馆馆藏文物图录

虎形龙纹包金箔铜饰片

一级文物

春秋晚期

长 16.4 厘米，宽 8.3 厘米，厚 0.04 厘米

当阳赵巷 M12 出土

虎形，俯首，张口，虎耳前伸，虎足蜷曲伏地，虎尾上卷，虎头与虎尾各有一对穿孔。铜胎，正面包裹金箔，金箔边缘折向背面形成包边。金箔上錾刻细密繁复、交相缠绕的龙纹。

龙形龙纹包金箔铜饰片

一级文物

春秋晚期

长 15 厘米，宽 14.9 厘米，厚 0.04 厘米

当阳赵巷 M12 出土

整器呈龙形，龙首扁平，L 形躯干正面凸起，背面内凹，边缘平折，由颈向尾逐渐变宽，龙身弯折处两侧与龙尾两角各有一对穿孔。铜胎，正面包裹金箔，金箔边缘折向背面形成包边。金箔上錾刻细密繁复、交相缠绕的龙纹。

巨眼兽面形龙纹包金箔铜饰片

一级文物
春秋晚期
长 22 厘米，宽 13.5 厘米，厚 0.04 厘米
当阳赵巷 M12 出土

整体略呈兽面形，左右对称，沿中线对折拱起，上部两角为一对巨眼，眼中部有月牙形镂孔，眼周围有三个弯折的触角，眼下两侧各有两个上折的小齿，底部有四个小齿，中线顶部、眼外触角、侧边一齿与底部四齿各有一对穿孔。铜胎，正面包裹金箔，金箔边缘折向背面形成包边。金箔上錾刻细密繁复、交相缠绕的龙纹。

帽形龙纹包锡箔锡饰片

一级文物
春秋晚期
直径28.2厘米，厚0.1厘米
当阳曹家岗 M5 出土

整器略作圆形平沿帽形，中部正面略微凸起，背面略微内凹，外围一周平整。锡胎，正面覆盖锡箔，锡箔边缘折向背面形成包边。锡箔上密布交相缠绕的龙纹。

龙形钺龙纹包锡箔锡饰片

一级文物
春秋晚期
长28.7厘米，宽17.3厘米，厚1.9厘米
当阳赵巷 M12 出土

整器呈龙形钺造型，龙首回望，龙身呈 P 形弯折，龙首有角，颈部与龙身中部各有一弯折的鬃毛，龙角、龙颈、龙身中部与龙尾两侧各有一对穿孔。锡胎，正面包裹锡箔，锡箔边缘折向背面形成包边。锡箔通体饰交相缠绕的龙纹。

兽形三尾包锡箔锡饰片

春秋晚期
长18.3厘米，宽12.2厘米，厚0.2厘米
当阳曹家岗 M5 出土

饰片上部作兽形，兽首张口回望，并有一3字形镂孔，背部有一弯折的鬃毛，兽身中部有一个三角形与一个方形镂孔，兽尾上扬，饰片下部为三个三角形尖尾。兽首、鬃毛与兽身后部各有一对穿孔，下部三尾末端各有一个穿孔。锡胎，正面包裹锡箔，锡箔边缘折向背面形成包边。锡箔上部布满交相缠绕的龙纹，中部饰一条三角纹带，下部三尾各有一对相互缠绕的龙纹。

曲尺形龙纹包锡箔锡饰片

春秋
通长 26.2 厘米，龙首宽 7.3 厘米
当阳曹家岗 M5 出土

通体呈曲尺龙形，龙首与龙身前段两侧多齿，龙首中部有一 3 字形镂孔，龙首左右与龙身转折处外缘各有一对穿孔，龙尾一侧弧收。锡胎正面包裹锡箔，锡箔边缘折向背面形成包边。锡箔上布满交相缠绕的龙纹。

兽耳弦纹锡簋

春秋

通高 15.9 厘米，口径 16.2 厘米，
腹径 18.8 厘米

当阳赵家湖墓群赵家塝 M8 出土

锡质。子口内敛，鼓腹，平底。腹中部附一对兽形环耳，喇叭形圈足，圈足外沿下折形成台面，隆盖，盖顶附一圆形抓手。腹部与盖面各饰 4 道凸弦纹。

兽耳弦纹锡簋

春秋
通高 15.8 厘米，口径 16.2 厘米，腹径 19.9 厘米
当阳赵家湖墓群赵家塝 M8 出土

锡质。子口内敛，鼓腹，平底。腹中部附一对兽形环耳，喇叭形圈足，圈足外沿下折形成台面，隆盖，盖顶附一圆形抓手。腹部与盖面各饰 4 道凸弦纹。

鸳鸯形金带钩

春秋
长 2.1 厘米，宽 2 厘米，
高 1.4 厘米
当阳陈场砖瓦厂 M1 出土

正面为鸳鸯形，回首，扁喙，喙部饰 S 形云纹，双翅和尾羽张开，羽毛纹理清晰可辨。背面呈箕形，中空，中部有一小扁柱。

凤首金簪

元
通长 17.1 厘米
当阳河溶王宜炎捐赠
————

簪首呈凤形，凤首侧
视，尾上翘，双翅微张，
雄姿伟岸；扁锥形簪
杆，饰点线式卷藻纹。

凤首金簪

元
通长 16.6 厘米
当阳河溶王宜炎捐赠
————

簪首作凤形，凤首前
视，冠、尾上翘，爪
前抓，双翅闭收；扁
锥状簪杆，饰点线式
卷藻纹。

凤首金簪

元
通长 16.5 厘米
当阳河溶王宜炎捐赠

————————————

簪首作凤形，头喙
下低，头顶花卉，
冠羽上翘，短翅；
扁锥形簪杆。

凤首金簪

元
通长 12.3 厘米
当阳河溶王宜炎捐赠

————————————

簪首作凤形，凤首下
低作舐肢状，凤尾呈
扇面展开；扁锥状簪
杆，饰点线式卷藻纹。

凤首金簪

元
凤身长 4.2 厘米，通长
15.7 厘米
当阳河溶王宜炎捐赠

簪首作凤形，首喙下
低，左翅下伸，凤口
啄翅，尾下拖；扁锥
状簪杆，饰点线式卷
云纹。

凤首金簪

元
通长 14.3 厘米
当阳河溶王宜炎捐赠

凤鸟形簪首，凤
首高昂，长尾呈
月牙形曳于身下；
扁锥状簪杆。

椰树形金簪

元
通长 13.5 厘米
当阳河溶王宜炎捐赠
————————

通体呈椰树形。树冠
为金质，有三枝叶，
两椰果及椰花，树干
为银质，扁锥形，树
冠与树干由金皮包裹
套接。

菊花首金簪

元
通长 14 厘米 ———
当阳河溶王宜炎捐赠
————————

簪首为菊花形，花后
枕以苞蕾，簪首与簪
杆束颈相连，扁锥形
簪杆。

团花首金簪

元
通长 14.5 厘米
当阳河溶王宜炎捐赠

———

簪首为团花形，面似
葵花，底似菊叶；扁
锥形簪杆。

葫芦首金簪

清
通长 11.2 厘米
原宜昌市文物处移交

———

簪头呈倒葫芦形，下
托有四片金叶，簪杆
呈细长圆锥形。

葫芦首金簪

清
通长 11.6 厘米，簪头
直径 1.7 厘米
原宜昌市文物处移交

簪头呈倒葫芦形，
下托有四片金叶，
簪杆呈细长圆锥形。

凤尾形金簪

清
通长 7.4 厘米，通宽 2.3 厘米
原宜昌市文物处移交

簪头呈卷曲的凤尾状，簪身
呈圆椎状。

禅杖首"杨门杜氏"金簪

清
通长 9.4 厘米
原宜昌市文物处移交

———————————

宝顶，拉丝镂空簪头，
簪头上以椭圆形环衔
挂葫芦形穿孔小金牌，
金牌阴刻"杨门杜氏"
及"□宝□□足赤"，
簪杆呈细长圆锥形。

禅杖首金簪

清
通长 8.1 厘米，通宽 1.1 厘米
原宜昌市文物处移交

———————————

宝顶，拉丝镂空簪
头上衔圆环，簪身呈细长，
圆椎状，其上刻有"宜昌
寶成福足赤"。

蟠龙花卉首金钗

元
通长 13.8 厘米
当阳河溶王宜炎捐赠

钗体为对折式双杆，一端尖利，另一端有两条蟠龙缠绕，龙头相接处以菊花点缀。

串珠式金钗

元
最长者通长 15.1 厘米
当阳河溶王宜炎捐赠

钗体为对折式双杆，钗首有九串或七串式连"珠"，"珠"呈扁圆片状，其中一珠在钗首转折处。钗杆呈扁锥状，一根上段有铭"足金"，另一根上段有铭"赤色"。

蟠龙花卉首金钗

元

长 14.3 厘米

当阳河溶王宜炎捐赠

————

钗体为对折式双杆，
一端尖利，另一端有
两条蟠龙缠绕，龙头
相接处以菊花点缀。

宝瓶首金笄

元

通长 14.4 厘米

当阳河溶王宜炎捐赠

————

笄首形似宝瓶，瓶肩
部有一对环纽；圆锥
形笄杆，上端饰菱格
花卉纹，中部有铭文
"八分金贰钱元祖府
张家记"。

串连花卉金笄

元

长 16.3 厘米

当阳河溶王宜炎捐赠

————————

扁锥形笄杆，杆首卷
曲，杆上附四朵相互
串连的小朵花卉，并
饰枝叶纹，花间有金
镂连缀，杆中部有铭
文"赤色金贰钱半"。

叶形镶宝石金饰

元
长 5.7 厘米
当阳河溶王宜炎捐赠
————————

整体呈叶形，前端及
两边由金缕丝制作成
组的莲花纹；后端及
中部铸有十一个圆形
孔围绕一个三角形孔，
用以镶嵌宝石，宝石
现已不存。背后贴附
铺首式金片，片上铸
有别针。

叶形宝珠花卉纹金头饰

元
长 4.5 厘米，宽 3.1 厘米
当阳河溶王宜炎捐赠
————————

整体呈叶形，中部有
一叶形凹槽以镶嵌宝
石，宝石现已不存，
其周围环以宝珠纹，
宝珠间填充花卉纹。

叶形花卉宝珠纹金头饰

元
长 5.8 厘米，宽 3.1 厘米
当阳河溶王宜炎捐赠

———————

整器呈叶形，下部附一根细柄，
中部有一叶形凹槽以镶嵌宝石，
宝石现已不存，其周围环以宝
珠纹，宝珠间填充花卉纹。

桃形嵌宝石金饰

明
长 3.2 厘米，宽 2.7 厘米，
高 0.6 厘米
兴山邓家坝 M2 出土

———————

通体呈桃形，中部镶
嵌宝石，其周围饰一
周宝珠纹与一周凹孔，
边缘有一周尖齿。

镂空缠枝花卉纹金头饰

元
长 3.8 厘米，宽 3.3 厘米
当阳河溶王宜炎捐赠

————————————

椭圆形，正面饰繁复精细的镂
空花卉纹。金色较暗淡。

莲花顶如意纹金饰件

元
直径 3.1 厘米，宽 2.9 厘米
当阳河溶王宜炎捐赠

————————————

饰于帽顶，顶部为荷花造型，
其下有两层如意纹，中空。

葫芦坠金耳环

明
长 5.3 厘米，宽 2.4 厘米，
厚 1.2 厘米
宜昌点军碑湾明墓 M7 出土

———————————

耳钉呈弯钩形，末端
尖利，吊坠葫芦形，
中空。

鱼形金饰

明
长 2.1 厘米，宽 1.3 厘米，
厚 0.1 厘米
兴山邓家坝 M2 出土

———————————

鱼形，鱼身弯曲作跳
跃状，头部两条长须，
背部长鳍，鱼鳞纹理
清晰可辨。头、鳍与
尾部有 4 个穿孔。

鱼形金饰

明
长 2.1 厘米，宽 1.2 厘米，
厚 0.1 厘米
兴山邓家坝 M2 出土

———————————

鱼形，鱼身弯曲作跳
跃状，头部残余一条
长须，背部长鳍，鱼
鳞纹理清晰可辨。头、
鳍与尾部有 4 个穿孔。

人物形金戒指

清
通长 2.9 厘米，通宽 1.8 厘米
原宜昌市文物处移交

———————

戒面为圆形，底座下一圈连
珠纹，上点缀圆珠，座内有
一蹲坐人物形象，双手持
物于耳侧，可活动；戒环为
不规则四边形，两端未合缝，
部分重合。

人物形金戒指

清
通长 2.8 厘米，通宽 1.8
厘米，厚 1.2 厘米
原宜昌市文物处移交

———————

戒面为圆形，底座下
一圈连珠纹，上点缀
圆珠，座内有一蹲坐
人物形象，双手举于
脸部，可活动；戒环
为不规则四边形，两
端未合缝，部分重合。

菱形镂空兽纹金牌饰

清

长 7.5 厘米，宽 5.2 厘米

原宜昌市文物处移交

整体呈菱形，中部饰一兽，回首，身躯健硕，四足前后张开作奔跑状，其周围饰镂空花卉枝叶纹，器物边缘饰两周连珠纹。

"逍遥快乐" 金冥币

清
直径 5 厘米，厚 0.2 厘米
原宜昌市文物处移交

仿铜钱形制，圆形，中心穿孔呈四边形，四边向内弧，其外一周圆环，四边形每个角各延伸出一条分界线至外廓，靠外廓一端各有一穿孔，外廓边缘折向背面。正面有阴刻对读钱文"逍遥快乐"。钱面线条皆为连珠式线条。

金冥币

清
直径 2.4 厘米
当阳河溶王宜炎捐赠

圆形，中心刻一四边形，四边内弧，正面有四个钱文，文字不识。

饼足银碗

宋
口径 8.7 厘米, 底径 5.2 厘米,
高 4 厘米
原宜昌市文物处移交

侈口, 圆唇, 弧腹, 饼底,
上腹有一周折棱。

饼足双鱼纹银碗

宋
通高 3.2 厘米, 口径 8.1 厘米,
底径 5.5 厘米
原宜昌市文物处移交

侈口, 方唇, 弧腹较浅,
饼底, 内底阴刻双鱼与水
草纹。

喇叭形高足银碗

花形侈口，圆唇，深弧腹，喇叭形高足。

元

通高 8.6 厘米，口径 8.8 厘米，

底径 4.7 厘米

当阳河溶王宜炎捐赠

开光高士图雷纹银盅

清
通高 2.7 厘米，口径 4.5 厘米，底径 2.7 厘米
原宜昌市文物处移交

直口，上腹较直，下腹弧收，圈足。
口沿下饰一周雷纹，腹部饰两组开光
高士图，其中一组包含梅花、飞鸟与
两位抚琴吟唱的高士，另一组包含梅
花、亭台与两位闲游的高士，图内以
点纹为地，两组图间以雷纹隔开。

镂空圈足银碗

清
通高 4.9 厘米，口径 8.5 厘米，
底径 3.4 厘米
原宜昌市文物处移交

直口，弧腹，圈足附底，内空，
底部镂空呈吉祥钱状，口沿外
缘横向刻有"端平"二字。

银奁盘

元
直径 16.1 厘米
当阳河溶王宜炎捐赠

宽斜沿内凹，浅弧腹，底近平，微内凹。一套两件，其中一件内底刻有
楼台亭阁、花草树木及群贤人物等图案。

菊花首银簪

元

通长 11.7 厘米

当阳河溶 王宜炎捐赠

簪首为凸圆形，其
中部雕有三朵菊花，
周围衬以枝叶；簪
杆呈细长扁锥形。

菊花首银簪

元

通长 16.2 厘米

当阳河溶 王宜炎捐赠

簪首呈凸椭圆形，首
面为压印的菊花与枝
叶纹，菊花或绽开或
为苞蕾；簪杆呈细长
扁锥形，上饰点线式
卷藻纹。

弦月蔽云饰银簪

元
通长 15.9 厘米
当阳河溶王宜炎捐赠

———

簪首左边悬挂一轮上
弦月，右边饰一朵卷
头拖尾的云朵与四朵
梅花；簪杆呈细长扁
锥形，饰点线式卷藻
纹。

蝴蝶牡丹纹银簪

明
通长 17.3 厘米，通宽 3.2 厘米
秭归狮子包 M1 出土

———

通体略呈扁锥形，横
截面呈弧形，簪首作
兽头状，并阴刻缠枝
牡丹与蝴蝶纹，簪尾
端阴刻蔓草纹。

凤首银簪

明
通长 15.1 厘米
原宜昌市文物处移交

簪首呈拉丝凤鸟形，
簪身呈扁锥形，上
饰点线式卷云纹。

蟠龙形银钗

元
通长 15.6 厘米
当阳河溶王宜炎捐赠

钗体为对折式双杆。
双杆一端尖利，另一
端各有一条蟠龙缠绕，
龙头汇集处以菊花点
缀。

串珠式银钗

元
通长 13 厘米
当阳河溶王宜炎捐赠

钗体为对折式双杆，钗首有九串式连"珠"，"珠"呈扁圆片状，其中一"珠"在钗体对折处。钗杆同长，呈细长扁锥形。

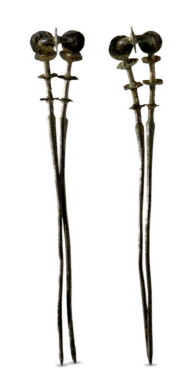

五花瓣头银钗

明
通长 11.9 厘米，通宽 8.8 厘米
原宜昌市文物处移交

钗头分叉为五支，每支为两空心圆锥体，顶端为不同类型的花瓣，其中一花瓣脱落，钗身为两根银丝，均残断。

漏勺形妆奁银具

元
通长 14.5 厘米
当阳河溶王宜炎捐赠

勺部呈圆形，勺底有
花形镂孔；柄部细长，
柄尾呈圭形。

长条牌形银饰

元
通长 23.6 厘米
当阳河溶王宜炎捐赠

牌饰一端呈攒尖顶形，"顶"
内有多条垂脊线；中段近长
方形，窄于两端，两边以如意
边装饰，边内有点线式卷藻纹，
中间有一周双线长方形框；另
一端为一株两枝镂空菊花形。

连珠形银手镯

元
长径 6.7 厘米，短径 6.3 厘米
当阳河溶王宜炎捐赠

连珠环形，接口处较
细，未闭合。

四出叶脉纹带链银步摇

元
长径 6.7 厘米，短径 6.3 厘米
当阳河溶王宜炎捐赠

器身呈四出叶片形，
其上密布叶脉纹，纹
饰线条由连珠纹构成，
叶片正面附一条细链，
背面附四条细链。

带链银镊

元
通长 15.3 厘米
当阳河溶王宜炎捐赠

镊身纤细，柄部有一
周箍棱，柄末端附一
条细链。

卷云形柄带链银剪

元
长 7.3 厘米，宽 3.4 厘米
当阳河溶王宜炎捐赠

刃部较短，剪柄较长，
柄外侧卷曲成卷云形，
柄末端带长链。

弥勒佛形银饰

明
最大者高2.9厘米，宽2.3厘米
宜昌十六化建王国彦上交

六件一组，弥勒佛像，光头，笑面，身披袈裟，袒露圆肚，双手垂于膝上，盘腿而坐。左臂与底部两边各有一对穿孔。佛像中空，背部底边向上弧曲。

八仙银饰

清

最大者长 4.9 厘米，宽 3.7 厘米，厚 1.6 厘米

原宜昌市文物处移交

八仙造型，每件皆有数个穿孔，正面凸起，背面内凹。

竹节嘴银壶

清
通高 15.3 厘米，腹径 14.5 厘米
原宜昌市文物处移交

弧顶盖，顶部有竹节式勾状纽。口微敞，竹节纹唇，短束颈，鼓腹，流、
鋬呈竹节形，流后粗前细，上昂前伸，鋬呈半环形，圈足外撇。腹部铸
以竹叶图案。

环耳铁鍪

敞口，卷沿，鼓腹，圜底，肩部附两个对称环耳。通体锈蚀严重。

东汉
通高 15.7 厘米，口径 13.7 厘米，腹径 20 厘米，
两耳间宽 23.5 厘米
宜昌前坪天灯包 M93 出土

环首铁刀

椭圆形环首，刀身甚长，单刃，刀背较宽厚，截面呈三角形，通体锈蚀严重。

东汉

通长117厘米，环首长径5.4厘米，

厚1.5厘米

秭归卜庄河 M17 出土

鎏金环首铁削刀

鎏金椭圆形环首作卷龙状，与削刀相接处卷龙首尾相连，尾部卷翘。刀身锈蚀严重，单刃宽背，刀锋弧钝。

一级文物

西汉

通长 20.7 厘米，宽 3.2 厘米，厚 0.6 厘米

宜昌前坪 M64 出土

铁刀

汉
长 11.7 厘米，宽 4.8 厘米，厚 0.8 厘米
宜昌前坪 M81 出土

直刃，直柄，柄与刃连接处呈曲尺形，
前锋与刀背前段弧曲，通体锈蚀。

梯形方銎铁锄

汉
残长 18.2 厘米，残宽 7.9 厘米
宜昌前坪朱家包 M107 出土

通体略呈梯形，顶窄刃宽，
两侧斜直，中部偏上有一方
形銎口。器体锈蚀严重。

铁锸

汉
长 8.4 厘米，宽 7.2 厘米，厚 2.1 厘米
宜昌前坪 M107 出土

三角形刃部，U 形凹銎，銎内残存泥块，
通体锈蚀。

凹形铁锸

汉
残长 13.1 厘米，残宽 11.6 厘米，厚 2.8 厘米
宜昌前坪出土

整器呈"凹"形，弧刃，内空，通体锈蚀。

长方形铁斧

一级文物
春秋
纵 15.2 厘米, 横 5.3 厘米
当阳杨家山 M4 出土

平面呈长方形, 侧面
呈三角形, 刃部微弧,
方銎。通体锈蚀。

长方形铁斧

汉
长 15.9 厘米, 宽 6.9 厘米, 厚 3.9 厘米
宜昌前坪 M81 出土

平面略呈长方形, 侧面呈三角形,
弧刃, 长方形銎, 内空, 通体锈蚀。

长方形弧刃铁斧

汉
通长 10.9 厘米，刃宽 7.3 厘米，厚 3.6 厘米
宜昌前坪 M82 出土

平面略呈长方形，弧刃，方銎，内空，通体锈蚀。

长方形铁锯

汉
残长 29.2 厘米，残宽 5.2 厘米，
厚 0.2 厘米
宜昌前坪天灯包 M83 出土

长方形，一侧为齿刃，锈蚀
残损。

柱形炮耳铁火炮

清

通长 160 厘米，炮口外径 20 厘米、内径 8.5
厘米，炮尾径 10.5 厘米

宜昌市德胜街出土

圆筒形，口细尾粗，炮口有一周宽箍，炮身中部有一柱形炮耳，炮尾末端斜收。

竹木漆器

兽耳变形窃曲纹漆木簋

一级文物
春秋
通高 24.3 厘米，口径 25.2 厘米
当阳赵巷 M4 出土

木胎，髹黑红二色漆。椭圆形侈口，方唇，
外斜沿，折肩，浅腹内壁弧曲，外壁为折腹，
喇叭形高圈足，椭圆腹较宽的两侧各附一兽
首环耳，隆盖，盖面中部较平，有一椭圆形
捉手，外围分两段斜折。腹内与盖内髹黑漆，
器表黑底朱纹，盖面、上腹与圈足皆饰变形
窃曲纹与竖波纹。

龙虎纹漆木俎

一级文物

春秋

通高 14 厘米，通长 24.5 厘米，通宽 19 厘米

当阳赵巷 M4 出土

木胎，髹黑红二色漆。长方形俎面，两
端呈上翘的倒梯形，四曲尺形足。俎面
侧面与足部饰红色龙虎图案。

龙虎纹漆木俎

一级文物
春秋
通高 14 厘米，通长 24.5 厘米，通宽 19 厘米
当阳赵巷 M4 出土

木胎，髹黑红二色漆。长方形俎面，两端呈上翘的倒梯形，四曲尺形足。俎面侧面与足部饰红色龙虎图案。

变形蟠虺纹漆木方壶

一级文物
春秋
通高 46.5 厘米，口长径 23.4 厘米，短径 17 厘米
当阳赵巷 M4 出土

木胎，髹黑红二色漆。长方形侈口，高颈以方形凸棱
分为上下两段，上段较粗短，下段较长而收束，方鼓腹，
方圈足外撇。颈部附一对兽形环耳。长方形器盖陷于
侈口内。口沿与颈部凸棱饰三角纹，其他部位皆饰变
形蟠虺纹。

长柄卷云纹漆木瓒

一级文物

春秋

通高 7.7 厘米，通长 23.8 厘米

当阳赵巷 M2 出土

木胎，髹黑红二色漆。器身椭圆形口，浅弧腹，底座外撇，平底，中部内凹。器身一侧有一雀尾形扁平长柄，柄与器身连接处向下弧曲。器身另一侧附一环耳。器身与柄面饰卷云纹与三角纹。

变形窃曲纹漆木豆

一级文物

春秋

通高 13.5 厘米，口径 13.4 厘米

当阳赵巷 M4 出土

侈口，圆唇，外斜沿，折肩，浅腹内壁弧曲，外壁斜收，器柄上粗下细，喇叭形底座，平底。腹内髹红漆，器外部为黑底朱纹，其中肩部饰三角卷云纹，腹部饰变形窃曲纹，柄与底座饰变形窃曲纹、竖波纹与弦纹。底部无漆。

"工"字纹漆木豆

春秋

通高 11.4 厘米，口径 15.3 厘米，底径 14.3 厘米

当阳赵巷 M4 出土

木胎，除底座下部外通体髹黑红二色漆。侈口，折腹，上腹斜直，下腹弧收，柱形短柄，喇叭形矮座。上腹、柄与底座大部饰"工"字纹，底座边缘饰一周三角纹与卷云纹。

变形窃曲纹漆木簋

春秋

通高 8.5 厘米，口长径 16.6 厘米，短径 12.6 厘米，

通长 18.7 厘米，底长径 13.9 厘米

当阳赵巷 M4 出土

木胎，除圈足底部外通体髹黑红二色漆。椭
圆形侈口，折腹，上腹斜直，下腹弧收，口
下一对牛头形耳，喇叭形圈足。上腹与圈足
大部饰变形蟠虺纹，下腹饰三行以弦纹间隔
的 > 形纹。圈足边缘饰三角纹与卷云纹。

兽耳变形窃曲纹漆木簋

春秋

通高 8.4 厘米，口长径 17.2 厘米，短径 12.6 厘米，

通长 19 厘米，底长径 16 厘米

当阳赵巷 M4 出土

木胎，除圈足底部外通体髹黑红二色漆。椭圆形侈口，折腹，上腹斜直，下腹弧收，口下一对兽首耳，喇叭形圈足。上腹与圈足大部饰变形蟠虺纹，下腹饰一周竖向波纹。圈足边缘饰三角纹与卷云纹。

"吕氏七重" 漆木格

西汉
通长 37.3 厘米，通宽 25.3 厘米，高 4.3 厘米
枝江肖家山 M70 出土

木胎，通体髹黑红二色漆。整体呈长方形，
子母口，器盖缺失。内部分为大小不等的 13
个方格，底部矮圈足作波浪形。外底红漆隶
书"吕氏七重"。

漆木碗

西汉
通高 5.8 厘米，口径 16.3 厘米，腹径 16.5 厘米，底径 8.5 厘米
枝江肖家山 M70 出土

木胎，通体髹黑红二色漆。侈口，口下一周凹槽，弧腹，璧形底。底部红漆隶书“马壘□□”。

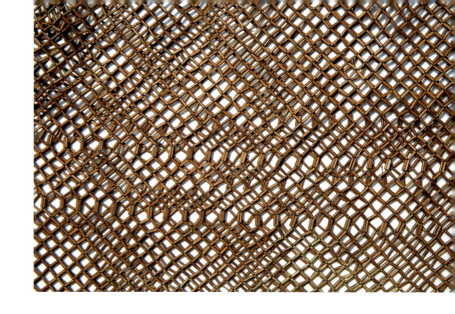

镂空竹编上衣

明
袖展 162 厘米，领径 17 厘米，衣长 58 厘米
原宜昌市文物处移交

由细竹藤编织而成，以麻绳锁边，衣型宽大，圆领，开胸，两袖展开与领口呈一条直线。

宝玉石

穿孔玉璜

新石器时代
长9.8厘米，宽2.7厘
米，厚0.9厘米
宜昌中堡岛出土

灰色，扁体弧形，
两端各有一穿。

大溪文化晚期穿孔玉璜

新石器时代
长6.9厘米，宽1.7厘米，
厚0.3厘米
宜昌市夷陵区青鱼背遗址出土

灰黄色，弧形，两端下缘平齐，
外侧较尖，并各有一圆穿。

大溪文化穿孔玉璜

新石器时代
长6.1厘米、宽3.3
厘米、厚0.5厘米
宜昌中堡岛出土

———

青玉质，通体打磨精细，曲
尺形，一端呈钝角三角形，
有一圆穿，另一端残缺，两
侧各残余一道凹槽。

屈家岭文化穿孔玉璜

新石器时代
长12.1厘米，宽2.1厘米，厚0.5厘米
宜昌市夷陵区青鱼背遗址出土

———

米黄色，中段呈微弧的长条形，两
端弧曲，并各有一圆穿。

长 11.3 厘米，宽 1.4 厘米，厚 0.7
厘米
宜昌市夷陵区青鱼背遗址出土

———————

米白色，中段呈长条形，两端
呈弧形，并各有一圆穿。

双孔玉璜

春秋晚期
长 9.6 厘米，宽 2.8 厘米，厚 0.2 厘米
当阳曹家岗 M5 出土

———————

米黄色，局部泛褐色，圆弧形，
两端各有一圆穿。

卷云纹玉璜

春秋晚期

长 17.3 厘米，宽 2.7 厘
米，厚 0.5 厘米

当阳乌龟包 M1 出土

米白泛青色，两面皆饰卷云纹，上下边缘饰弦纹，器身中部偏上有一圆穿，两侧各有四个长条形缺和两个半圆形缺。

龙首玉璜

战国早期
通长 10.7 厘米，宽 1.7 厘米，
厚 0.4 厘米
当阳李家洼子 M13 出土

半圆弧形，两端各饰一龙首，
中部一穿，两面均饰卷云
状谷纹，通体褐色泛红。

卷云纹玉璜

战国中期
长 6.6 厘米，宽 1.7 厘米，厚
0.2 厘米
枝江姚家港 M3 出土

青色，局部泛褐色，
半环形，两面均饰卷
云纹，中部边缘有一穿，
两端侧面各有两个连
通的穿孔。

云纹玉璜

战国
通长 16.5 厘米，宽 2.2 厘米
当阳乌龟包 M1 出土

半圆扁平状。圆弧径较大，截面呈长方形。两面刻卷云纹，内外边沿各一道装饰线，两端内外缘均有略微凸起的凸齿。质较硬，色淡黄泛青。

黄褐色玉璜

战国
长5.8厘米，宽1.2厘米，厚0.5厘米
当阳何家山M18出土
———————

半圆弧形，肉质较厚，中部近缘
处有一小圆孔，色泽不均，主体
呈黄褐色，内缘局部泛白。

谷纹玉璜

战国
长8.1厘米，宽1.9厘米，
厚0.2厘米
枝江姚家港M3出土
———————

两件一套，圆弧形，外
缘有一周弦纹，其内饰
谷纹，其中一件中部近
外缘与两端各有一圆穿，
另一件中部近外缘与一
端各一圆穿。两件分别
为黄色与绿色。

雕龙玉璧

一级文物

春秋晚期

外径7.4厘米，内径2.8

厘米，厚0.4厘米

当阳李家洼子M13出土

米黄色，局部泛红。玉璧两面皆饰卷云纹，一侧饰有一仰头、挺腹、卷尾的龙形雕饰。整器制作精美，晶莹剔透。

卷云纹玉璧

春秋晚期
直径 6 厘米，好径 2.4 厘米，
厚 0.2 厘米
当阳曹家岗 M5 出土

————————

圆环形。肉质及外缘厚薄
不均，好缘及外缘饰绳纹，
内饰有云纹。黄色，局部
透褐色。

谷纹玉璧

春秋
直径 6.5 厘米，好径 3.3 厘米，
厚 0.6 厘米
当阳乌龟包 M1 出土

————————

圆环形，两面皆饰谷纹。黄
色，局部泛紫褐色。

卷云纹玉璧

战国早期
直径 3.6 厘米，好径 1.4
厘米，厚 0.3 厘米
当阳杨家山 M5 出土

圆环形，内外缘弦纹，
中饰卷云纹，断面
呈长方形。浅灰略
泛黄色。

卷云纹玉璧

战国早期
直径 6.7 厘米，好径 3.3
厘米，厚 0.3 厘米
当阳李家洼子 M13 出土

圆环形，两面皆饰卷
云纹。黄绿色，局部
泛紫。

卷云纹玉璧

战国早期
直径 6.4 厘米，好径 2.3 厘米，
厚 0.4 厘米
当阳杨家山 M2 出土

———————————

圆环形，两面皆饰卷云纹。
黑色，局部泛黄。

卷云纹玉璧

战国中期
直径 7.9 厘米，厚 0.5 厘米
当阳金家山 M49 出土

———————————

灰黄色，圆环形，两面
饰满卷云纹。

重圈纹玉璧

战国中期
直径5.6厘米,好径2厘米,
厚0.7厘米
当阳金家山 M56 出土

圆环形，两面皆饰重
圈纹。灰绿色。

卷云纹玉璧

战国
直径5.5厘米，好径2.9厘米，
厚0.3厘米
枝江姚家山 M3 出土

圆环形，两面皆饰卷云纹。
黄色，局部泛紫。

重圈纹玉璧

战国
外径 4.9 厘米，好径 1.7 厘米，
厚 0.6 厘米
当阳岱家山 M42 出土

————————

灰白色泛青，两面皆饰
重圈纹。

谷纹玉璧

汉
外径 17 厘米，好径 4.1 厘米，
厚 0.5 厘米
宜昌前坪出土

————————

深灰泛绿色，扁平圆形，
正中有圆孔，内外缘均
饰弦纹一道，弦纹之间
布满谷纹。

米黄色玛瑙环

春秋中期
直径 4 厘米，内径 2.8 厘米
当阳杨家山 M2 出土

———

米黄色，半透明。环形，内缘厚，外缘薄，
截面呈多边形。

卷云纹玉环

战国早期
直径 5 厘米，内径 2.4 厘
米，厚 0.6 厘米
当阳杨家山 M4 出土

———

圆形，浅绿色，饰卷
云纹。透闪石制。

变形蟠龙纹玉环

红褐色，局部泛翠绿色，圆环形，通体饰变形蟠龙纹。

一级文物

战国

直径 10 厘米，厚 0.5 厘米，内径 5.3 厘米

当阳杨家山 M1 出土

宽平脊玛瑙环

战国早期
直径 3.9 厘米，内径 2.6 厘米，厚
0.7 厘米
当阳杨家山 M2 出土

米黄色，半透明，圆
环形，宽平脊，截面
呈多边形。

平脊玛瑙环

战国早期
直径3.9厘米，内径2.2厘米，厚0.7
厘米
当阳杨家山 M5 出土

米白色，半透明，圆
环形，平脊，截面呈
多边形。

米黄色玛瑙环

战国早期
直径 3.7 厘米，内径 2.4 厘米，
厚 0.6 厘米
当阳金家山 M232 出土

———————————

米黄色，半透明。环形，
内缘厚，外缘薄，截
面呈多边形。

米黄色玛瑙环

战国中期
直径 3.9 厘米，内径 2.4 厘米，
厚 0.8 厘米
当阳金家山 M172 出土

———————————

米黄色，半透明。环形，
内缘厚，外缘薄，截面呈
多边形。

米黄色玛瑙环

战国
外径 3.6 厘米，内径 2.3 厘米，
厚 0.6 厘米
当阳金家山 M37 出土

————————————

米黄色，半透明。环形，
内缘厚，外缘薄，截
面呈多边形。

米黄色玛瑙环

战国
外径 3.7 厘米，内径 2 厘
米，厚 0.7 厘米
当阳金家山 M39 出土

————————————

米白色，半透明。环形，
内缘厚，外缘薄，截
面呈多边形。

紫红玛瑙环

战国中期
直径3.5厘米，内径1.7
厘米，厚0.5厘米
当阳金家山M142出土

————————————

紫红色，圆形，内缘厚，
外缘薄呈刃形，断面
内侧呈四边形。

紫红玛瑙环

战国
直径4.2厘米，内径2.1厘米，
厚0.6厘米
枝江姚家港M3出土

————————————

紫红色，局部泛白，圆
形，内缘厚，外缘薄呈刃形，
断面内侧呈四边形。

大溪文化中期玉玦

新石器时代
长径 3.7 厘米，短径 3.1 厘米，
好径 1.1 厘米，厚 0.8 厘米
宜昌市夷陵区青鱼背遗址出土

———————————

米黄色，整器呈椭圆环形，
有一长条形缺口，内孔呈
圆形，剖面呈长方形。内
缘比外侧略厚。

大溪文化晚期玉玦

新石器时代
直径 4.0 厘米，好径 1.4 厘米，
厚 0.5 厘米
宜昌市夷陵区青鱼背遗址出土

———————————

浅绿色，圆环形，一长条形
缺口，截面呈长方形。

云纹玉玦

春秋晚期
直径 5.5 厘米，好径 2.5 厘米，
厚 0.3 厘米
当阳乌龟包 M1 出土

———————————

圆环形，小缺口，肉面有
对称小圆孔，外缘与好缘
饰蝇纹，其间饰卷元纹。
一面黄褐色，一面灰色泛
黄。

镂空兽面形玉佩

春秋中期

长 4.7 厘米，宽 4.1 厘米，厚 0.4 厘米

当阳金家山 M179 出土

_____

米黄色，整体呈倒梯形镂空兽面，兽面由两条相对的 S 形龙组成，两龙首共衔一椭圆形环。

双璧形玉佩

战国
长 4 厘米，厚 0.4 厘米，
璧孔径 0.9 厘米
当阳杨家山 M4 出土

——————

灰黄色，两圆形透
孔璧相连而成，上
有一菱形穿。

双璧形玉佩

战国
长 4.2 厘米，厚 0.4 厘米，璧
孔径 0.9 厘米
当阳金家山 M149 出土

米黄色，两圆形透孔
璧相连而成，上部菱
形穿。

镂空玉佩

战国
长 6 厘米，宽 4.1 厘米，
厚 0.2 厘米
枝江姚家港 M3 出土

米黄色，多处红褐斑，
上端弧圆，下端中部平
直，两端微弧上翘，上
端两长方形缺，器身饰
圆穿与镂空曲格纹。

鱼形玉佩

战国早期
长 6.2 厘米，宽 2.2 厘米，
厚 0.3 厘米
当阳杨家山 M5 出土

鱼形。鱼口微张，鱼尾上翘，
白色玉，局部泛褐色。素面。

龙形玉佩饰

战国
通长 10.7 厘米, 宽 3 厘米,
厚 0.5 厘米
当阳杨家山 M3 出土

龙首回望, 龙身呈"几"字形蜷曲, 龙足伏地, 龙尾上翘, 末端下卷。器身饰卷云纹。灰褐色, 玉质较差。

卷云纹玉佩

战国
长 4.3 厘米，宽 3.1 厘米，厚
0.2 厘米
当阳前春 M2 出土

扁长方形，两长缘各有三个凹口；两短缘各有两凹口，两凹口各有一孔；
正面通体阴刻卷云纹。

玉带钩

战国早期
长 7.2 厘米，厚 0.8 厘米
当阳杨家山 M2 出土

长条形，腹宽，颈窄，隆脊，
两侧有棱，背后有一圆形
纽。素面无纹。

瑞兽滑石带钩

战国
通长 6.5 厘米，宽 2.2 厘米，
高 2.5 厘米
枝江姚家港 M10 出土

青白色，通体呈 S 形，钩
两侧线刻瑞兽首，兽身背
部有两凸棱，腹部呈琵琶
状，背有一圆形纽，纽两
侧各有一月牙形凹痕。

绿色玉带钩

战国早期
长4.4厘米，厚0.7厘米
当阳杨家山M4出土

长条形，腹宽，颈窄，
隆背，两侧有棱，背后
有一圆形纽。

兽首壁虎式玉带钩

明
长14厘米，宽3.3厘米
原宜昌市文物处移交

兽首凸眼下视，口微张，
双耳后贴，身扁曲，椭
圆蘑菇状纽，腹部堆塑
爬行壁虎、其尾交叉内卷。
玉色绿泛灰。

虎形玉饰件

春秋

长3.8厘米，宽2.3厘米，

厚0.8厘米

当阳前春 M3 出土

玉呈黑色，器形呈半卧虎状，回头昂首，卷尾，正反两面雕有对称的变体虎纹，头尾两端对穿一圆形孔，制作精美，小巧玲珑。

圆角长方形卷云纹玉扣饰

白色，局部泛棕色。器体呈圆角长方形，中部一长方形穿孔。器表饰卷云纹。

春秋

长 3 厘米，宽 2.1 厘米，厚 0.4 厘米

当阳乌龟包 M1 出土

雕虎玉璏

一级文物

西汉

长 10.3 厘米，厚 0.4 厘米

宜昌前坪 M73 出土

米黄色，局部泛红褐色，长条形，正面饰圆点纹，一侧饰镂空虎形，虎足蜷曲，长尾分叉曳于另一侧边，虎身饰卷云纹。

圆点云雷纹玉璏

一级文物

西汉

长 9.6 厘米，宽 2.3 厘米

宜昌前坪 M66 出土

米黄，局部泛红褐色，长方形，两
端内卷，底部上中一长方形穿孔。
正面饰云雷纹和圆点纹。

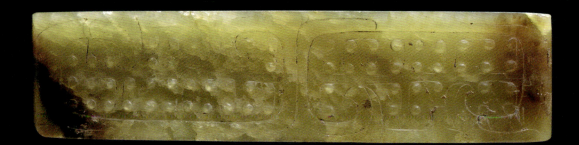

圆点纹玉璲

东汉
长 6.7 厘米，宽 2.6 厘米
宜昌前坪 M59 出土

米白色，长方形，两
端内卷，中间为一长
方形孔，正面上、下
端为弦纹，中为圆点纹。

圆点纹玉璲

东汉
长 6.8 厘米，宽 2.3 厘米
宜昌前坪 M75 出土

米黄泛红褐色，长方
形，一端内卷，一端
有一长方形（残缺），
正面上、下端弦纹。
中为圆点纹和刻划痕。

弧腰回纹玉珌

东汉
上宽 6.9 厘米，下宽 5.9 厘米，
高 3.8 厘米
宜昌前坪 M73 出土

米黄泛红、褐色，近梯形，上、下端磨平，两腰内弧，截面呈纺锤形，两面皆饰回纹，上端有一圆形直孔，两侧为两椭圆形斜孔。

玉管

春秋晚期
长 4.2 厘米，最大外径 2.1 厘米，
内径 1.2 厘米
当阳乌龟包 M1 出土

米白色，局部泛黄，一面
较纯净，另一面杂色较多。
圆筒形，一端略粗一端略
细，管壁较厚。

长方扁形玉管

战国
长 3.1 厘米，宽 1.2 厘米，
厚 0.8 厘米
枝江姚家港 M13 出土

扁柱状，截面呈椭圆形，
中有透穿的串线孔。饰有
云纹，通体白色，局部泛褐。

衔蕉玉兽

东汉

长 8.3 厘米，高 5.2 厘米

原宜昌市文物处移交

龙首兽身，龙首回顾，似独角龙，龙口衔蕉，身躯跪卧，四肢内屈，尾分四支内卷。通体白灰色泛绿。

腾云玉哪吒

明
通长 10.5 厘米，宽 5.3 厘米，
高 2.3 厘米
原宜昌市文物处移交

———

大头，双髻，胖身，屈肢，手、
足套环，双手扛云，云朵
缠身。白玉泛绿。

牧童骑牛玉饰

清
长 6.4 厘米
原宜昌市文物处移交

———

米白泛青色。牛呈卧状，
四蹄足卷曲盘地，牛角
交汇一处，牛嘴含一根
玉米秆作咀嚼状，牧童
一手抓牧笛，一手抓牛
角作攀爬状。

雁苇纹玉碗

敞口，圆唇，上腹直，下腹弧收，圈足，腹饰雁戏芦苇纹。米黄色，局部泛棕。

清
口径8.9厘米，底径4.9厘米，
高4.6厘米
原宜昌市文物处移交

夔龙纹玉镯

清
外径 8.6 厘米，内径 6.7 厘米，宽 3.5 厘米
原宜昌市文物处移交

灰黄色，局部泛绿或红褐色。环形，
扁而宽，上、下端磨光呈圆弧状，中
部微鼓，饰一周夔龙纹。

双欢玉猫

清
长 4.3 厘米
宜昌三三〇综合厂出土

米白泛青色。双猫卧地
作嬉戏状，双耳伏脑后，
猫嘴紧靠，猫尾作环形
缠绕。

桃形花果纹玉洗

清
通高5厘米，宽3.7厘米
原宜昌市文物处移交
————————
桃形，侈口略呈椭圆
形，弧腹，圜底，器
表浮雕枝叶。整体呈
青绿色，口部红褐色。

长方形福寿纹玉牌

清
长6厘米，宽5.4厘米，厚0.6厘米
宜昌市财政局移交
————————
米白色，微泛青色。方形，
面饰浮雕蝙蝠寿桃纹。

三环兽纽玉挂件

清

长 6.2 厘米

宜昌六中出土

乳白色，局部泛黄。三椭圆环互联，顶部一兽纽，独犄角尾端弧翘，双耳盖于前身部，双眼鼓，大圆鼻，宽嘴，形体矮胖，蹄足宽大，尾巴卷扬，后腿屈膝。

长条形卷云纹玉如意

明

通长 25.3 厘米，首宽 7.5 厘米

宜昌东山出土

勾首长条形。扁平花缘式钩状首，面刻卷云纹，顶塑展翅蝙蝠；柄呈扁曲形，中部镂雕对称式花卉蝙蝠纹。柄尾饰雷纹。玉色白泛绿。

十字形穿孔水晶扣形饰

战国晚期

直径 2.2 厘米，厚 0.9 厘米

当阳金家山 M179 出土

无色透明晶体制成，圆形，上下两面磨平，平面外侧上下均磨出一道斜面，断面整体呈八边形。扣体侧立面有十字形对穿孔。

琉璃耳饰

汉
通高 1.6-2.6 厘米，底径 1-1.5 厘米
秭归卜庄河出土

琉璃耳饰
汉
通高 1.6-2.6 厘米，底径 1-1.5 厘米

穿孔紫水晶珠

战国中期
直径 1.3 厘米，厚 0.9 厘米
当阳金家山 M69 出土

———————

圆柱形，中心穿孔，上、
下面磨平，侧面中部竖
直，上下部斜切。紫色
水晶制成。

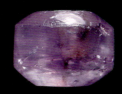

长条形滑石猪

西晋
长 7.6 厘米
秭归望江墓群 M27 出土

———————

黄褐色。整体呈条形，
猪形首，圭形背，方尾。

长条形滑石猪

南朝
长 7.5 厘米，宽 1.8 厘米，厚 1.5 厘米
当阳赵家湖郑家洼子 M19 出土

———————

长条形。鼻口前侈，双耳后倒，
两眼朝上，背圆弧，腹凹凸不平，
臀部前方后抹角。灰色泛褐。

长条形滑石猪

南朝
长 7.6 厘米，宽 1.7 厘米，高 1.3 厘米
当阳赵家湖郑家洼子 M19 出土

———————

长条形。鼻口前侈，双耳后倒，
两眼朝上，背圆弧，腹平直，后
臀呈方形，后侧抹角，灰色泛褐。

灰黄色滑石猪

南朝
长 6.4 厘米，宽 1.7 厘米，高 2.1 厘米
秭归卜庄河 M10 出土
————————

黄灰色滑石，长条形，鼻口前侈，
双耳后倒，四足伏地，尾部呈方形。

灰黄色滑石猪

南朝
长 6.5 厘米，宽 1.6 厘米，高 2.1 厘米
秭归卜庄河 M10 出土
————————

黄灰色滑石，长条形，鼻口前侈，
双耳后倒，四足伏地，尾部呈方形。

石器

大溪文化有肩石锄

新石器时代

长 12.2 厘米，宽 8.4 厘米

宜昌中堡岛出土

下段近半圆形，宽弧刃，双肩，上段
两侧斜收，弧顶，青灰色。

大溪文化有肩石锄

新石器时代

长 14.5 厘米，宽 10 厘米，厚 2.6 厘米

0804 ⑥:3

下段近半圆形，宽弧刃，双折肩，
肩上部收束，弧顶，灰褐色。

大溪文化穿孔石铲

新石器时代
长 16.7 厘米，宽 8.6 厘米
宜昌中堡岛出土

青灰色石英砂岩。平面近椭圆形，平顶，弧刃略残，上段两侧琢成双肩，两面中部对琢穿孔。

大溪文化穿孔石铲

新石器时代
残长 9.8 厘米，刃宽 9.8 厘米
宜昌市夷陵区青鱼背遗址出土

青灰色砾石。器体较薄，两侧平直，弧刃，两面对琢穿孔，顶部与孔残。

大溪文化弧刃石斧

新石器时代
长14.7厘米，宽8.7厘米，厚2.9厘米
枝江金联遗址采集

整器略呈长梯形，刃宽顶窄，弧刃，弧顶，
两侧斜直，器形规整，打磨光滑，黑色。

屈家岭文化穿孔石钺

新石器时代
长9.5厘米，宽5.8厘米，厚0.7厘米
宜昌中堡岛出土

灰色，形制规整，通体略呈梯形，平顶，
两侧略向中间弧曲，双面弧刃，中上部
有一圆穿。

圆饼形石纺轮

新石器时代
直径4厘米，厚1.2厘米
宜昌中堡岛出土

黑色，圆饼形，中部一圆形穿孔，器表
打磨光滑。

大溪文化弧刃石锛

新石器时代
长9.4厘米，宽5.7厘米，厚1.6厘米
宜昌中堡岛出土

由灰色木纹石磨制而成，器表打磨光滑，通体略呈长方形，平顶，单面弧刃。

屈家岭文化石锛

新石器时代
长4.6厘米，宽2.1厘米
宜昌中堡岛出土

黄色砾石，通体磨光，略呈三角形，顶窄刃宽，弧顶，单面弧刃，侧截面近锥形。

大溪文化长条形石网坠

新石器时代
长9.2厘米，宽3.9厘米，高3.3厘米
秭归朝天嘴出土

长条形，两端圆弧，中部一道宽而深的横向
凹槽。器表平滑，黄色。

大溪文化石网坠

新石器时代
长5.2厘米，宽3.5厘米
宜昌市夷陵区青鱼背遗址出土

黄褐色砾石，中部收束以系绳，一端较大，
一端较小。

屈家岭文化穿孔石镰

新石器时代

通长 12.4 厘米，刃宽 6.6 厘米，孔径 1.1
厘米，厚 0.9 厘米

原宜昌市文物处移交

整器略近梯形，器身一侧及下缘开刃，刃部锋利，靠另一侧有一对穿圆孔与一圆形凹痕，通体打磨光滑，青灰色。

屈家岭文化石斧

新石器时代
长 21.6 厘米，宽 7.7 厘米
宜昌中堡岛出土

整体略呈长梯形，刃宽顶窄，弧刃略残，
弧顶，青灰色。

屈家岭文化石凿

新石器时代
通长 8 厘米，宽 1.9 厘米，厚 1.1 厘米
宜昌中堡岛出土

平面呈扁锥状，长方形器身，三角形
双面刃，青灰色。

屈家岭文化石铲

新石器时代
长10.2厘米，宽5.9厘米
宜昌中堡岛出土

青灰色砾石，通体磨光，器体扁平，较薄，平面呈长梯形，双面刃略弧，一角有一处缺口。

屈家岭文化石网坠

新石器时代
长15.8厘米，宽12.3厘米，高10.6厘米
宜昌中堡岛出土

系自然卵石略加工而成。椭圆形，器身一面圆弧，一面略平，中部纵横各琢制一凹槽，凹槽相交呈"T"形，作为捆绑绳索的槽口。

石家河文化弧刃石斧

石英斑岩，黄绿色，磨制。器形较大，制作规整。长梯形，弧顶，两侧斜直，弧刃较锋利。

新石器时代
长24.5厘米，宽9.5厘米，厚3.2厘米
秭归卜庄河出土

穿孔石铲

新石器时代
通长 7.4 厘米，通宽 3.8 厘米，厚 0.6 厘米
枝江肖家山采集

黑色，磨制光滑。平面略呈长方形，
背部一穿孔，斜刃。

弧刃石斧

新石器时代
长19.5厘米，宽9.3厘米，厚4.2厘米
宜昌三游洞出土

青灰色，通体略呈长梯形，横截面略呈长方形，弧顶，双面弧刃，刃面与器身弧曲过渡。

大溪文化叶片形石镞

新石器时代
长3.8厘米，宽1.5厘米
宜昌中堡岛出土

薄叶片形，后端钝圆，前端尖锐，双翼边缘锋利，通体打磨光滑，黑色。

黑色石环

圆环形，截面呈圆形，黑色，通体光亮。

新石器时代
外径4.8厘米，内径2.6厘米，
厚1.1厘米
宜昌中堡岛出土

双翼石矛

通体略呈叶形，双翼，尖锋，后段伸展形成双肩，灰褐色，打磨光滑。

夏

残长 8.7 厘米，宽 4.2 厘米

宜昌三斗坪白庙子采集

网格纹石磨

新石器时代
长5.2厘米，宽4.3厘米，厚3.1厘米
江苏大墩子遗址采集

平面略呈梯形，顶端有一圆滑凹槽，
中心有一圆穿，下部刻划网格纹。

长方形带柄石研磨器

春秋
杵长 19.8 厘米，直径 5.8 厘米，臼长 30.6 厘米，
宽 14.4 厘米，高 10.1 厘米
宜昌万福垴遗址出土

两件一套，分为臼和杵。石杵由青灰色花岗岩磨制而成，圆柱形，一端为斧，双面平刃，另一端呈圆弧形，发挥杵的作用。石臼由赭色砂岩琢磨而成，长方形，一端有一三角形柄，顶面有一圆形臼窝，臼窝内打磨光亮，并有一粗一细两道杵的磨痕。

菱形石研磨器

春秋

杵长 22.4 厘米，直径 5.6 厘米，臼长 33 厘米，
宽 23.6 厘米，高 15.2 厘米

宜昌万福垴遗址出土

两件一套，分为臼和杵。石杵由青灰色花岗岩磨制而成，圆柱形，两端圆弧，
一端较粗，一端较细。石臼由赭色砂岩琢磨而成，平面呈菱形，顶面正
中有一圆形臼窝，臼窝内打磨光亮，有一粗一细两道杵的磨痕，外壁弧收。

其他

星宿带钩纹五铢铜压胜钱

一级文物

东汉

直径1.9厘米.

厚0.1厘米

秭归卜庄河M13出土

圆形方穿。正面有外廓，右、左为"五铢"二字，"五"字交笔上下饰两颗星辰，上方饰削刀图案，下方饰星宿图案；背面有内、外廓，内廓四角至外廓各有一条分界线，上方为一带钩形图案，下方与左、右皆饰星宿图案。

齐国賹六化铜币

战国
直径3.3厘米
吴应清捐赠

圆形方穿，正面有内外窄廓，钱文为篆书"賹六化"，光平背。

直百五铢铜钱

三国蜀
直径2.8厘米，穿宽0.9厘米，厚0.3厘米
宜昌市财政局移交

圆形方穿，有内外廓，正面有对读隶书"直百五铢"。

乾元重宝铜钱

唐
直径2.9厘米，穿宽0.7厘米，厚0.2厘米
原宜昌市文物处移交

圆形方穿，有内外廓，背面无廓，正面有对读隶书"乾元重宝"，光平背。

崇宁重宝铜钱

北宋
直径3.6厘米，穿宽0.8厘米，厚0.2厘米
原宜昌市文物处移交

圆形方穿，有内外廓，正面有对读隶书"崇宁重宝"。

大泉五十铜钱

新莽时期
直径2.8厘米, 穿宽0.7厘米, 厚0.3
厘米
秭归卜庄河 M120 出土

圆形方穿, 有内外廓, 正面钱文
为对读篆书"大泉五十"。

小泉直一铜钱

新莽时期
直径1.5厘米, 厚0.2厘米
秭归卜庄河 M16 出土

圆形方穿, 有内外廓, 正面钱文
为对读篆书"小泉直一"。

货泉铜钱

新莽时期
直径2.2厘米, 穿宽0.7厘米,
厚0.1厘米
秭归卜庄河 M114 出土

圆形方穿, 有内外廓, 正
面钱文为篆书"货泉"。

大布黄千铜布币

新莽时期
长5.6厘米, 宽2.5厘米, 厚0.3厘米
吴应清捐赠

布形, 平首平肩平足, 腰身略收,
首部一圆穿, 正面右读阳文悬针篆
"大布黄千", 布局于中线两侧。

当百淳祐通宝铜钱

南宋
直径5.3厘米，穿宽1.1厘米，厚0.3厘米
原宜昌市文物处移交

圆形方穿，有内外廓，正面有对读楷书"淳祐通宝"，背面上下为"当百"二字。

当十咸丰重宝铜钱

清
直径3.5厘米，穿宽0.7厘米，厚0.3厘米
原宜昌市文物处移交

圆形方穿，外廓较宽，正面有对读楷书"咸丰重宝"，背面有楷书"当十"与满文钱局名"宝源"。

束腰式银锭

宋

长6.6—8.6厘米，宽5—6.1厘米，

厚1.3—2.5厘米

原宜昌市文物处移交

两端呈扇形外弧，中部内弧束腰，正面内凹，边缘起棱，平底。正面饰水波纹，其他面多气孔。其中一件正面有"寅仲叁记"铭文。

龟纽铜印

西汉
通高1.2厘米，
长、宽1.5厘米
宜昌前坪 M69 出土

龟纽，方印，有系孔。篆书
印文"许调之印"。

双面印文铜印

西汉
长、宽1.7厘米，
厚0.5厘米
宜昌前坪 M69 出土

方形，无纽，侧面有
系孔。双面有篆书印文，
一面为"许调之印"，
另一面为"许□□印"。

"许取"玉印

西汉
通高 1.6 厘米,
长、宽 2.3 厘米
宜昌前坪 M74 出土

方形,上部呈覆斗状斜收,顶部一扁平的长方形纽,纽下有一穿孔。篆书印文"许取"。

半球形铜印章

西汉
高 0.5 厘米,直径 0.8 厘米

整体呈半球形,圆形印面,单字印文未识。

弘治元年佛法僧宝铜印

明
通高 3.8 厘米,长 6.6 厘米,宽 6.5 厘米
原宜昌市文物处移交

方形,印背中心为长方形直立扁纽,背面铸有"弘治元年造",左上角有一"上"字。印文为篆书"佛法僧宝"。附矮盒,盒折沿方唇。

蟠龙纽玉印

明

通高 2.2 厘米，长 4.1 厘米，
宽 3.8 厘米

原宜昌市文物处移交

米黄色，长方体，纽为蟠龙形，
作游走状。印面中部为印文，
左右饰对称龙纹。

道经师宝铜印

明

通高 3.4 厘米，长 5.9 厘米，宽 5.8 厘米

原宜昌市文物处移交

方形，背面有梯形直立扁纽，右上
角有"上"标志，印文为篆书"道
经师宝"，正下方有一破孔。

方形五面铜子母印

年代不详

最大者长 3.5 厘米，宽 3.4 厘米

原宜昌市文物处移交

四件一套，大小不等，方形，中空，可相互套合，每件皆五面有篆书印文，其中两件有一印面为圆形。

瑞兽纽方座铜印章

明
印面长 2 厘米，宽 1.4 厘米
原宜昌市文物处移交

瑞兽纽，方座。印面阳刻篆
书印文"胡田氏珍藏"。

狮子纽圆柱座铜印章

明
印面直径 1.7 厘米
原宜昌市文物处移交

狮子纽，圆柱形座。印面阳
刻篆书印文"永保寿"。

孔有德题款石端砚

明
长 23 厘米，宽 14.4 厘米
原宜昌市文物处移交

平面呈长方形，砚前端呈椭圆形。椭圆形砚面，月牙形水槽，弧形砚首上阴刻草书文字。背面边沿呈长方条状，近似箕形前，前后端弧状下垂。中间阴刻隶书"而德之温而理之醇而守之坚虽磨之不磷以保其贞。"阴刻行楷"崇祯二年夏月，孔有德铭"。

狮球纹石砚

清

通长 18.3 厘米，通宽 11.8 厘米，厚 2.4 厘米

原宜昌市文物处移交

长方形，圆球形墨池，与砚首浅浮雕狮纹组合，砚堂呈圆形。砚下端两角饰有矩纹，砚背面内凹。

扁平骨锥

新石器时代
长15.3厘米，宽1.2厘米
宜昌中堡岛出土

一端呈圆锥状，单斜刃，
向后渐宽扁，至另一端近
扁长方形，两侧刻有凹槽。

长条形骨锥

新石器时代
长15.2厘米，宽1.1厘米
秭归龚家大沟遗址出土

长条形，一端尖细，另
一端较粗，截面呈长方形。

菱形骨锥

新石器时代
长 9.3 厘米，宽 1.2 厘米
秭归龚家大沟遗址出土

扁体，平面略呈菱形，中
部略宽，两端渐细，其中
一端较短而尖锐，另一端
较长而略钝。

骨钩

新石器时代
长 4.4 厘米，宽 1.8 厘米
秭归龚家大沟遗址出土

整器略呈 J 形，磨成
扁平状，钩尖稍残。

大溪文化骨锥

新石器时代
长8.5厘米
秭归朝天嘴遗址出土

小动物肢骨磨制而成。
器体扁平，顶端较宽，
末端尖锐，有刮磨痕。

骨瑟码

汉
长4.4厘米，孔径2厘米，
宽2.7厘米
宜昌前坪M73出土

后端翘起，上部圆孔，
顶端三棱突出，中部
突棱处有两椭圆形斜
孔，侧边一卷形突。

羊角形骨马镳

春秋
其一残长 11 厘米，其二残长 12.8 厘米
当阳曹家岗 M5 出土

通体褐色，形似弯曲的羊角，截面为八边形，中段有两个长方形穿孔。两端原饰黑色几何纹，细端还饰有三角纹，纹饰现已大多不存。